Willi Fährmann

Ein Fisch, ein Fisch ist mehr als ein Fisch

echter

Illustrationen von Herbert Holzing

CIP-Kurztitelaufnahme der Deutschen Bibliothek

Fährmann, Willi:
Ein Fisch, ein Fisch ist mehr als ein Fisch /
Willi Fährmann. [Ill. von Herbert Holzing]. –
2. Aufl. – Würzburg : Echter, 1987
ISBN 3-429-00979-0

Mitglied der Verlagsgruppe »engagement«

2. Auflage (6.–8. Tsd.) 1987

Umschlaggestaltung: Herbert Holzing
Gesamtherstellung: Echter Würzburg
Fränkische Gesellschaftsdruckerei und Verlag GmbH

ISBN 3-429-00979-0

Inhalt

In der Stadt Ephesus

Ja, dieser Tag erinnert mich an meine wichtigste Begegnung, die ich je in der Stadt Ephesus hatte. So wichtig ist mir das, daß ich alles aufgeschrieben habe.
Nein, nein, keine Angst, ich will nicht viel von Ephesus erzählen. Ich stamme aus einer anderen Stadt. In Kolossä bin ich aufgewachsen. Hier habe ich mein Handwerk gelernt. Von meinem Vater hab ich's gelernt. Wie er's zuvor von seinem Vater gelernt hat. Aber eines Tages hat er zu mir gesagt: »Junge, mach dich auf und wandere hinaus in die Welt! Wer sein Handwerk wirklich meistern will, der muß die Nase in den Wind stecken. Hinter den Bergen wohnen auch noch Leute, die etwas von der Tuchmacherei verstehen.«
Tja, da hab ich mein Bündel geschnürt und bin losgezogen. Aber ich komme ein wenig vom Thema ab.
Ich wollte ja von meinem wichtigsten Tag in Ephesus erzählen. Dort habe ich nämlich zwei volle Jahre bei einem berühmten Tuchmacher gearbeitet. Ich habe ihm genau auf die Finger geschaut und eine Menge von ihm gelernt. Er war ein Meister darin, Tiergestalten in Tücher zu weben. Schließlich hat er gesagt: »Hör zu«, hat er gesagt, »von mir kannst du nichts mehr lernen. Du mußt weiterziehen. Aber ich habe eine Bitte an dich: Webe mir zum Abschied und zum Andenken an dich ein Tuch mit einem Fisch darin. Ich gebe dir eine Woche Zeit. Ich werde, wie du weißt, gerühmt, weil ich das Kamel so einwebe, daß es wie lebendig aussieht. Mein Elefant ist – in aller Bescheidenheit will ich es sagen – ein Meisterwerk. Aber ich will es bekennen, und es geht mir nur schwer von den Lippen: Wenn du einen Fisch webst, Junge,

dann könnte ich weinen vor Glück, so herrlich schimmern seine Schuppen durch das klare Wasser, so zart sind seine Flossen, so lebendig leuchtet das Auge. Ich bitte dich also, webe mir in ein schönes, fehlerfreies Tuch den Fisch ein. Zum Andenken für mich an einen Mann aus Kolossä, obwohl ich sonst, ich sage es frei heraus, von denen aus Kolossä nicht sehr viel halte.«
Ich habe nur darüber gelacht. Die in Ephesus, die halten sich nämlich für etwas ganz Besonderes. Die müßten Kolossä kennen! Dann würden sie nicht so reden.
Naja. Ich fühlte mich ganz stark, als der Meister mich auf diese Weise lobte. Sonst war er nämlich eher geizig mit seinem Lob. Und dann machte ich mich ans Werk. Zwei volle Tage arbeitete ich an dem Entwurf. Mühsam, sage ich, mühsam. Der Entwurf ist für mich immer das schwerste. Manchmal liegt mir diese Zeit wie ein Zentnerstein auf der Brust. Aber dann mit einem Male fließt es aus meinem Stift. Es ist wie bei einer Geburt, denke ich mir. Du trägst es mit dir herum, du weißt nicht genau, wie es aussehen wird, aber du spürst, daß es lebendig in dir ist. Und dann endlich drängt's ans Licht. Du fühlst dich glücklich wie ein Kamel, das nach langer Wüstenwanderung die Oase erreicht.
Also los. Ich fange an, spanne die Kettfäden, webe ein hauchzartes Tuch. Und dann die Farben! Die schönen sanften Farben des Wassers, die Gestalt des herrlichen Fisches. Ich webe und färbe und färbe und webe und bin ganz in meine Arbeit eingesponnen. Habe das Tuch fast fertig. Ein Fisch im sonnendurchfluteten Wasser. Ein Fischchen, sage ich euch, ein Fischchen! Dabei merke ich gar nicht, daß da einer

hinter mir steht. Ich zucke richtig zusammen, als er zwischen Daumen und Finger den Stoff prüft. Ich sehe es an diesem Griff – so tastet keiner nach dem Tuch, der nichts von der Tuchweberei versteht. Das ist einer, der geht oft mit Stoffen um. Ein wandernder Geselle? Nein, dafür ist er zu alt. Ein Meister, der den Lebensabend im Ruhestand genießt? Nein, dafür ist er zu jung.

Was ist das nur für ein Mensch? Wieso kann er am hellichten Tag hier in der Werkstatt herumlungern? Fummelt an meinem Tuch herum und sagt kein einziges Wort.

»Ist was?«, frage ich ihn nicht gerade freundlich. Er schaut mich an und schweigt, deutet auf den Fisch. Dann tritt er an die Wand und malt mit einem Stück Kreide einen Fisch mit zwei Strichen. Nicht gerade kunstvoll. Kann er nicht sprechen? Braucht er die Zeichensprache? Ist er stumm?

»Ein Fisch«, sage ich. »Ein ganz einfacher Fisch.«

Er lacht. Und jetzt redet er.

»Sagt dir das Zeichen nichts, der du den Fisch webst?«

»Was soll mir das Zeichen sagen?«, frage ich. »Ein Fisch ist ein Fisch. Basta.«

Er lacht wieder. Mit seiner Kreide schreibt er die Buchstaben untereinander an die Wand. Ganz groß.

F
I
S
C
H

Dann schaut er mich wieder so an, als ob er etwas von mir erwartet.

»Du hältst mich bei der Arbeit auf. Ich kann zwar lesen, aber ich habe auch aus deiner Kinderzeichnung bereits den Fisch erkannt. Du hättest das Wort gar nicht aufschreiben müssen. Und dann auch noch die Buchstaben untereinander. Statt nebeneinander, wie sich's gehört.«
Ich schnaufe verächtlich durch die Nase. Diesmal lacht er nicht. Er tritt nahe an mich heran und sagt: »Dieser Fisch ist ein geheimes Zeichen. Hast du es in Ephesus niemals zuvor gesehen?«
Jetzt fällt's mir wieder ein. So ein Fischzeichen war hier und da neben manche Haustüren gekritzelt. Meist waren es die Türen ärmlicher Häuser. Ich werde neugierig.
»Was bedeutet das Zeichen?«, frage ich.
Er schaut mich an. Ziemlich lange. Dann sagt er: »Ich habe von dir gehört, daß du herrliche Tücher mit Fischbildern herstellen kannst. Und noch mehr habe ich von dir gehört.«
Ist er ein Spion? Will er mich aushorchen? Will er mir vielleicht etwas Böses? Eigentlich sieht er nicht danach aus. Er fährt fort: »Du hast neulich den Lehrling Theophilus gefragt: Was meinst du, Junge, wenn ein Mensch stirbt, ist dann alles aus mit ihm? Oder, was meinst du, was dann mit dem Menschen ist?«
»Ja, das stimmt«, bestätige ich. »Aber der Theophilus hat's auch nicht gewußt. Hat nur die Schultern gezuckt. Ich denke, auf diese Frage gibt's keine Antwort.«
»Weil du diese Frage gestellt hast, Bruder, deshalb bin ich in deine Werkstatt, deshalb bin ich zu dir gekommen.«
»Was soll das alles bedeuten?«, frage ich.
Er tritt wieder an die Wand, schreibt neben die FISCH-Buchstaben neue Wörter.

Neben das F schreibt er Freund. Neben das I schreibt er Iesus. Neben das S schreibt er SUCHT, und aus dem CH wird das Wort Christen.
»Lies!« sagt er.
Ich lese: »FREUND JESUS SUCHT CHRISTEN.«
»Das ist ja wirklich ein Geheimzeichen«, sage ich.
Er lacht wieder. »Ein Zeichen mit doppeltem und dreifachem Boden«, sagt er. »Man kann auch sagen:

FREUND

JESUS

SOHN GOTTES

CHRISTUS

HEILAND.«

Er ist eifrig geworden. Seine Augen leuchten. Er ist ein Feuerkopf. Ich merke, daß ich aufgeregt werde. Er verrät mir nichts, dir nichts ein Geheimnis. Was ist das für ein Mensch?
Ich frage ihn: »Wer bist du?«
»Mein Name ist Paulus«, antwortet er.
»Du sprichst so große Worte aus ...«, sage ich. »Und wer ist das, dieser JESUS?«
»JESUS ist die Antwort auf deine Frage, auf die Frage, die du an den Lehrling Theophilus gestellt hast: Was meinst du, wenn ein Mensch stirbt, ist dann alles aus?«
»Die Antwort auf diese Frage soll JESUS sein?«, frage ich und staune.
»So ist es«, sagt er und ist ganz sicher. Und er lädt mich ein. Ich soll zur Versammlung der Christen kommen. An einem der nächsten Abende soll ich kommen. Da werde ich mehr hören.

Er hält, bevor er geht, noch einmal das Tuch mit beiden Händen empor und sagt: »Ein herrliches Tuch. Und du hast es begriffen, Bruder, ein Fisch ist mehr als ein Fisch.« Er geht.

Damals bin ich zum ersten Mal dem Geheimnis der Zeichen begegnet. Ich singe laut und fröhlich:

»Ein Fisch, ein Fisch
ist mehr als ein Fisch.«

Später kommt mein alter Lehrmeister und sagt: »Dein Fisch ist ein Kunstwerk«, und er ist zufrieden mit meiner Arbeit.

An den folgenden Abenden wollte ich zu denen gehen, die sich Christen nennen. Diese Antwort »FREUND JESUS SUCHT CHRISTEN«, die hat mich übrigens mein Leben lang nicht mehr losgelassen. Aber ich bin in jenen Tagen in Ephesus nicht dazugekommen, zu den Christen zu gehen. Ich mußte meine angefangenen Arbeiten erledigen und Abschied feiern, meine Sachen packen, Proviant für die Reise kaufen ... Naja, man weiß ja, wie das so geht.
Oft habe ich damals vor mich hingesummt:

»Ein Fisch, ein Fisch
ist mehr als ein Fisch.«

Schließlich sagte ich der Stadt Ephesus »Lebewohl« und verabschiedete mich von allen Bekannten und Freunden und auch von meinem Meister.
Da hat er mir zur Erinnerung an ihn ein Tuch geschenkt, das er selbst gewebt hatte. Sonne und Mond waren darin zu sehen. Ein sehr kunstvolles Tuch war das.

Damals in Ephesus hab ich es noch nicht gemerkt, daß Sonne und Mond auch Zeichen sind. Aber auf dem Weg nach Kolossä, da habe ich mir die Himmelslichter genau angeschaut und habe darüber nachgedacht. Tatsächlich, beim Nachdenken über die großen Lichter, da ist mir kleinem Licht ein Licht aufgegangen. Aber davon will ich später berichten.

Sonne, Mond und Sterne

Ich will erzählen, wie ich darauf gekommen bin, daß Sonne, Mond und Sterne auch geheime Zeichen sind. Ich will es gleich von vornherein eingestehen, es ist eine etwas umständliche Geschichte. Eigentlich hätte ich schon alles wissen können, als ich auf dem Weg von Ephesus nach Kolossä war.

Es geschah an meinem dritten Reisetag. Ich war ganz gut vorwärts gekommen. Als es Abend wurde, befand ich mich mitten in einer wüsten Gegend. Steinig war's, und so weit ich sehen konnte, weit und breit kein Haus.

Es wird dämmrig. Ich sammle eilig trockenes Holz. Nachts wird's kalt dort oben. Ich entfache ein kleines Feuer, nehme einen Schluck Wein, esse von meinen Vorräten. Ich bin ziemlich müde. Das Bündel lege ich als Kissen unter meinen Kopf. Und fest schlage ich mir den Mantel um den Körper. Es ist dunkel geworden. Das Feuer brennt nieder. Der Mond steht wie eine Silberscheibe am Himmel. Ich bin hundemüde, summe schläfrig vor mich hin: »Ein Fisch, ein Fisch ist mehr als ein Fisch.« Und dann kommt es mir, fast schon halb im Schlaf, wieder in den Sinn: Freund Jesus, Sohn Gottes, Christus, Heiland. Theophilus, der Lehrling aus Ephesus, fällt mir wieder ein. Hab's erst sehr spät gemerkt, daß er ein Christ ist. In den letzten Tagen in Ephesus habe ich ihn ein wenig ausgefragt, was es auf sich hat mit dem Fischgeheimnis. Er hat mir einige sehr seltsame Geschichten erzählt. Von einem Jonas zum Beispiel. Auf den hatte Gott seine Hand gelegt. Er wollte ihn in eine große Stadt schicken. Ninive heißt die. Dort sollte er den Menschen sagen: »Ihr seid Halunken, Betrüger seid

ihr alle, ihr freßt und sauft, häuft Schätze auf, und andere müssen hungern. Gottes Zorn wird euch hinwegfegen. Kehrt um! Kehrt um!« Oder so ähnlich. – Das hat der Jonas nicht gewollt. Angst hat er gehabt. Ist ganz einfach davongelaufen. Über's Meer wollte er vor diesem Gott fliehen. Aber er ist bei einem Sturm von den Seeleuten über Bord geworfen worden. Hat gedacht, jetzt ist mein letztes Stündlein gekommen. Er hat erkannt, daß Gott größer ist als das Meer. Und da hat ihn ein riesiger Fisch geschnappt, hat ihn zurückgetragen bis an den Meeresstrand und hat ihn ans Ufer gespien. Da hat der Jonas es ganz sicher gewußt: Dieser Gott ist größer als das Meer, ist größer als alles. Und er ist nach Ninive gegangen. Wie sein Gott es wollte.
Ja, solche Geschichten hat Theophilus erzählt. Und auch noch eine andere von diesem Jesus, Sohn Gottes, Heiland. Der soll mal mit ein paar Fladenbroten und wenigen Fischen viele tausend Menschen satt gemacht haben. Hat der Theophilus tatsächlich erzählt.
Schon bin ich in einem flachen, ersten Schlaf. Ich weiß nicht, wie lange ich schon eingenickt bin.
Da! Was war das? Mit einem Male bin ich wieder hellwach. Ein langgezogenes Heulen hallt schaurig über das öde Feld; wird von einer fernen Felsenwand zurückgeworfen. Und wieder. Und wieder. Ich kenne das. Es jagt mir eine Gänsehaut über Arm und Bein. Ich springe auf, fasse nach meinem Stab. Das Heulen kenne ich. So heulen nur Wölfe. Ich puste in die niedergebrannte Glut, lege Holz nach, entfache das Feuer. Das mögen die Wölfe nicht. Aber sie kommen doch näher und näher. Schließ-

lich kreist mich ihr Heulen ein. Ich werfe mit Steinen nach der unsichtbaren Gefahr. Hoch flammt mein Feuer. Wird das Holz reichen? Der Mond ist untergegangen. Stockfinster ist es. Ich sehne den Schimmer des ersten Lichtes herbei. Zwei-, dreimal kommt es mir so vor, als sähe ich gelbliche Augen aufstrahlen. Ich schleudere Steine in die Richtung. Nimmt diese Nacht denn nie ein Ende? Ich werfe den letzten dicken Ast in die Glut. Allmählich kriecht das Feuer in sich zurück, die Flammen werden kleiner.

Da, endlich! Ein ganz zarter, mandelgrüner Lichtstreifen hinter den Hügeln. Der erste Bote des neuen Morgens. Und dann glüht der Himmel rot und strahlend, und majestätisch geht die Sonne auf. Die Schrecken der Nacht sind vorbei. Die Wölfe haben sich davongemacht.

Ich setze mich erschöpft nieder; spüre die erste Wärme auf meiner Haut. Eine Anemone, die in der Nachtkälte Blätter und Blüte zusammengezogen hatte, wendet sich der Sonne zu und entfaltet ihren brennend roten Blütenkelch. Sie lebt, weil der herrliche Sonnenstern ihr die Lebenswärme spendet. Auch ich fühle mich neu belebt, lade mir das Bündel auf die Schultern und schreite aus. Auf nach Kolossä!

Gespürt habe ich es damals schon, daß die Sonne mehr als die Sonne ist. Und habe es auch vor mich hingesummt, mehr in Gedanken:

»Die Sonne, die Sonne ist mehr als die Sonne.«

Hab's auch wohl wieder vergessen.

Endlich war ich wieder in der Heimat, in Kolossä, bei Mutter und Vater. Sie waren

alt geworden inzwischen. Aber sie freuten sich, daß ich aus der Fremde heimgekehrt war. Sie brauchten meine junge Kraft. Und ich zeigte, was ich bei anderen Meistern gelernt hatte.
Am nächsten Abend habe ich mir die Stadt angeschaut. Ich wollte auch meinen Jugendfreund Silvanus wiedersehen. Es hatte sich manches verändert in der Stadt. Ich habe gestaunt.
Aber ein richtiger Schreck hat mich durchzuckt, als ich vor dem Hause von Silvanus stehe. Ich denke, ich sehe nicht richtig. Doch, wahrhaftig! Da ist neben dem Türpfosten ein Fisch gezeichnet. Ein Fisch aus zwei Strichen. Genauso ein Fisch, wie Paulus ihn für mich in Ephesus gemalt hat. Die Tür öffnet sich. Ich trete in den Schatten einer Mauer zurück. Ich erkenne Silvanus. Er ist älter geworden. Kein Wunder, ich war ja länger als fünf Jahre von Kolossä fort. Silvanus schaut nicht links und schaut nicht rechts, sondern geht mit schnellen Schritten auf die Gasse der Bäcker zu. Ich folge ihm. Steigt er einem Mädchen nach? Hatte nicht Phädras, der die süßen Kuchen backt, hatte der nicht eine noch süßere Tochter?
Aber Silvanus geht an Phädras' Haus vorbei. Schließlich klopft er an ein Tor. Ich sehe es gleich, auch an dieses Tor ist der Fisch gezeichnet.
»Silvanus«, rufe ich, »warte auf mich!« Er erschrickt.
Auf den ersten Blick erkennt er mich nicht. Aber dann liegen wir uns in den Armen. Das Tor wird geöffnet. Er zögert. Aber ich flüstere ihm zu:
»Freund Jesus sucht Christen.«
»Du auch?«, fragt er und freut sich.

Ich schüttle den Kopf. Ich sage: »Ich bin damals in Ephesus von einem gewissen Paulus eingeladen worden, zu der Versammlung der Christen zu kommen. Aber es ist nichts draus geworden. Es fehlte mir die Zeit, mein Lieber.«
»Du kennst Paulus?«, fragt Silvanus. Und dann ruft er in den Hof hinein: »Hier, mein Freund, der Tuchweber, der hat unseren Vater Paulus in Ephesus getroffen.«
Ja, da stürzten sie auf mich zu, zogen mich in den Hof, hatten tausend Fragen, und ich stand ziemlich dumm da, denn vieles wußte ich nun wahrhaftig nicht von Paulus.

An diesem Abend blieb ich bei den Christen in Kolossä. Wohl zehnmal mußte ich die Geschichte vom Fisch im Tuch erzählen. Endlich trat der Vorsteher an mich heran, ein Mann in den besten Jahren mit breiten Schultern und einem leicht angegrauten Bart.
»Du redest immer von einem Tuch«, sagt er. »Was muß man sich darunter vorstellen?«
»Na, so ein Tuch wie dieses, das ich von meinem Meister zum Abschied bekommen habe«, antworte ich, knüpfe mir das Tuch vom Hals und breite es auf dem Boden aus.
»Sehr schön«, lobt der Vorsteher. »Sonne, Mond und Sterne. Wunderbare und geheimnisvolle Zeichen.«
»Zeichen?« Ich schaue ihn verdutzt an.
»Was weißt du von der Sonne?«, fragt er.
Da erzählte ich ihm die Geschichte von der Schreckensnacht mit den Wölfen, vom Morgenrot, von der Anemone, die der Sonne ihren Blütenkelch entgegenstreckte.
Das Gesicht des Vorstehers war während meiner Geschichte ganz fröhlich gewor-

den, ja, es schien mir, als ob es sogar auch ein bißchen strahlte.
»Siehst du,« sagt er. »Die Sonne, das ist ein geheimes Zeichen für Christus. Ohne unsere Sonne Christus ist kein Leben. Keine Blüte entfaltet ihre Schönheit ohne ihre wärmende Kraft; Kälte und Tod, Starrheit und ewiges Eis ohne die Sonne. Und wie das Morgenrot den neuen Tag ankündigt, so wird irgendwann *unser* neuer Tag anbrechen. Die Sonne dieses unseres Tages, Jesus Christus, wird strahlend erscheinen, und wir werden IHN sehen.«
Ich spürte, wie erregt der Vorsteher wurde, als er mir das erzählte. Er steckte mich an mit seinen Gedanken.
Schließlich springt er auf, breitet die Arme weit aus und ruft laut: »MARANATA, MARANATA! Komm endlich, komm!«
Als er wieder ruhiger geworden ist, sagt er: »Verzeih mir, aber du mußt wissen, wir warten mit großem Verlangen darauf, daß ER kommt, kommt mit Macht und großer Herrlichkeit.«
»Und der Mond?« frage ich.
Er schaut einen Augenblick verwundert. »Ach ja, das Zeichen des Mondes.« Er lacht und neckt mich: »Vielleicht hättest du es selbst herausfinden können.«
»Ja, ja«, sage ich. »Ich traf in Ephesus einen, der sich mit Sonne, Mond und Sternen auskennt. Der sagte mir, das Licht der Sonne strahlt den Mond an. Und auch die Sterne werden von der Sonne bestrahlt. Und die Gestirne geben nur den Sonnenglanz wieder. Ohne die Sonne wären sie ein Nichts, ein Schatten in der Nacht, ein Stein ins Dunkel geworfen.«
»Eben«, sagt der Vorsteher. »Du hast alles

gesagt. Der Mond, die Sterne, wie Menschen sind sie. Sie leuchten, weil Gottes Lichtstrahl sie getroffen hat. Weil sein Glanz sie aus dem Nichts heraushebt. Unsere Sonne Christus ist es, die uns das Leben bringt.«
»Ich will mehr hören von diesem Freund Jesus, Sohn Gottes, Christus, Heiland, mehr will ich hören, mehr.«
»Morgen ist auch noch ein Tag«, sagt er. »Da, dein Freund Silvanus wartet schon auf dich.«

In den folgenden Wochen bin ich oft mit Silvanus zu den Christen gegangen. Die erstaunlichsten Geschichten habe ich gehört.
Und gespürt habe ich, wie gut es ist, wenn man mit Menschen zusammensitzt, mit ihnen reden darf, zuhören kann, wenn einer erzählt oder vorliest; wie wohl das tut, miteinander zu singen, auch zu beten. Ja, eigentlich ist's so in einer Gemeinde, als ob sie das Wasser wäre, in dem der Fisch fröhlich schwimmt.
Oft habe ich bei meiner Arbeit in Kolossä in diesen Wochen gesungen:

»Ein Fisch, ein Fisch
ist mehr als ein Fisch.
Die Sonne, die Sonne
ist mehr als die Sonne.
Der Mond, der Mond
ist mehr als der Mond.«

Aber wie ich so richtig zu den Christen gekommen bin, das ist eine andere Geschichte. Und auch die Geschichte von einem anderen geheimnisvollen Zeichen. Doch davon will ich später erzählen.

In der Stadt Kolossä

Tja, ich will berichten, wie ich endgültig dazugekommen bin, mich zu den Christen zu zählen. Ihr werdet's vielleicht nicht für möglich halten, aber es ist ganz gewiß so geschehen:

Es fing dort an, wo die Christen ihre Toten bestatten, auf dem Friedhof nämlich. Unser Haus liegt dort in der Nähe. Und da bin ich wieder bei der Frage: Was ist mit dem Menschen, wenn er stirbt? Ist es dann aus, ein für allemal aus? Als ich so zwischen den Gräbern hergehe und über eine Antwort nachsinne, da fällt mir auf, daß auf den Grabsteinen beinahe überall zwei griechische Buchstaben eingeritzt sind: A und Ω, Alpha und Omega nämlich. Seltsam! Mit den Namen der Toten kann das doch nichts zu tun haben. Die Namen unterscheiden ja gerade die Menschen. Sie können doch nicht alle gleiche Namen getragen haben. Ich muß lachen über meinen Einfall. Aber wenn's nicht ihre Namen sind, was bedeutet es dann?

Alpha und Omega. Klar, ich kenne alle griechischen Buchstaben. Alpha, Beta, Gamma, Delta usw. Ich war ja schließlich oft genug in Ephesus in der Bibliothek. Eine riesige Bibliothek gibt es dort. Nur die in Korinth soll noch größer sein. So sagt man wenigstens. Oft, wenn ich etwas wissen wollte, wenn mich eine Frage beschäftigt hat, dann bin ich in die Bibliothek gegangen. Hier in Kolossä gibt's ja auch eine Bibliothek. Eine kleine nur. Die Stadtväter in Kolossä sagen, es muß gespart werden. Und woran wird schon immer zuerst gespart? Klar, an der Bibliothek. Aber, um mir Alpha und Omega auf den Grabsteinen zu erklären, dafür wird unsere Bibliothek wohl reichen, denk' ich.

ΘΕΛΙ
ΦΡΕΑ
ΣΑΝΘ
ΑΩ

Also gehe ich quer über den Markt, die Sternengasse entlang bis zu dem Haus, in dem die Bücherrollen liegen, die man in Kolossä zusammengetragen hat. Gleich spricht mich ein Mädchen freundlich an und fragt, was ich wünsche. »Nun«, sage ich, »ich will wissen, was los ist mit Alpha und Omega.«
Sie ist verwirrt. »Mit Alpha und Omega?«, fragt sie.
Ich nicke.
»Was soll schon los sein damit?«, sagt sie. »Sind eben zwei griechische Buchstaben. Zwei von vielen.«
Als ich mich mit der Antwort nicht zufriedengebe, zuckt sie die Achseln und sagt: »Ich kann ja den Oberbibliothekar holen. Wenn du mir nicht glaubst, kann der es dir ja sagen.«
Sie geht davon und schüttelt den Kopf und denkt wahrscheinlich: »Weit genug ist's gekommen. Seit manche von dem Pöbel lesen können, werden sie immer lästiger und aufsässiger.«
Mürrisch kommt ein Riese von einem Kerl heran. Hat sie den Hausknecht geholt, der mich hinausbefördern soll? Nein, es ist der Oberbibliothekar. Wie schafft der es bloß mit seinen Bratpfannenhänden, die Buchrollen pfleglich zu behandeln und das kostbare Pergament und das empfindliche Papier nicht zu zerreißen?
»Was gibt's?«, fragt er brummig.
»Wollte nur wissen, was es ist mit Alpha und Omega«, fange ich erneut an, aber bevor ich weiterreden kann, legt er schon los. »Von Alpha bis Omega«, erklärt er, »sind alle unsere Schriften aufs genaueste geordnet. Hier liegen die Rollen, die von Verfassern geschrieben sind, deren Name

mit Alpha anfängt, sind ziemlich viel, wie man sieht. Anschließend die mit Beta. Dann, hier drüben die Gamma-Verfasser und so weiter. Kommen Sie hier herüber, hier ins Licht. Hier ist das Regal mit den Omega-Rollen. Vom ersten bis zum letzten Buchstaben, von Alpha bis Omega alles genau geordnet.«

Ihm scheint ein Verdacht zu kommen. Er blickt mich mißtrauisch an. »Sind Sie etwa ein Inspekteur, ein Kontrolleur, der unsere Einrichtung überprüfen soll?«

»Nein, nein«, beteuere ich, aber der Gedanke, ich wolle ihn kontrollieren, scheint sich in ihm festzufressen. Er wird mit einem Male sehr freundlich zu mir.

»Wissen Sie«, sagt er, »bei uns ist wirklich alles in Ordnung. Ich achte darauf. Alles vom Anfang bis zum Ende. Völlig in Ordnung.«

»Was ist der Anfang, was das Ende?«, sage ich leise mehr für mich.

»Es ist ganz einfach«, versichert er eifrig. »Alles, was die Menschen wissen, das wird aufgeschrieben. Und dann wird Ordnung in das Ganze gebracht.«

Er macht mit seinen Windmühlenarmen einen Flügelschlag rundum. »Wäre ja sonst auch ein riesiges Durcheinander, nicht wahr?«

Er grient mich an. »Und unsere Ordnung hier ist: Es gibt nichts vor Alpha und nichts nach Omega. Alles, was wir wissen, steht zwischen diesen beiden Buchstaben. Alles ist aufgeschrieben und geordnet.«

»Und wo steht das, was wir nicht wissen?« frage ich. »Bitte?« Er wird unsicher. Doch dann ruft er empört: »Das, was wir nicht wissen? Wo das geschrieben steht?« Er starrt mich an.

»Wir sind eine ernsthafte Bibliothek«, knurrt er und wird plötzlich so laut, daß alle, die in der Bibliothek anwesend sind, zu uns herüberschauen; »nicht besonders groß, wissen Sie, aber durchaus ernsthaft. Keine Spinnereien. Nicht in diesen Räumen.«
»Ich meine, wegen der Gräber«, will ich erklären. Aber es ist zu spät. Er faßt mich grob am Arm und führt mich zur Tür.
»Raus!« sagt er. »Für Leute, die mit mir unnütze Späße treiben wollen, ist mir meine kostbare Zeit zu schade«, und knallt die Tür hinter mir zu.
Ich gehe zurück zu unserer Werkstatt. Zugegeben, ich mache dabei einen Schlenker über den Friedhof. Alpha und Omega. Ich starre die Buchstaben auf den Grabsteinen an. Der erste und der letzte Buchstabe in der Buchstabenreihe. Das ist mir in der Bibliothek aufgegangen. Aber viel ist's nicht, was mir dazu einfällt.
In der Werkstatt beginne ich zu weben, ganz in Gedanken. Das Weberschiffchen fliegt nur so hin und her. Einen Fisch will ich weben und Sonne und Mond will ich weben und Alpha und Omega will ich weben, und ich webe und webe. Und dann ist das Tuch fertig. Ich schaue es an, und es fällt mir wie Schuppen von den Augen. Unversehens ist dabei ein Kreuz entstanden.
Das Kreuz! Mit einem Male ahne ich, was in Alpha und Omega steckt. Hatte es nicht der Bibliothekar schon gesagt, hatte er nicht gesagt: Anfang und Ende? Und das Alpha ist nicht geschlossen und das Omega erst recht nicht. Und das Kreuz, das sich zeigt, gibt mir den Fingerzeig. In Gottes Gedanken ist der Mensch geboren, bin ich,

bist du. Und das, was wir Ende nennen, das ist offen, ist erst ein neuer Anfang.
Und jetzt wird's mir auch klar, warum Alpha und Omega auf den Grabsteinen steht. Da steht geschrieben, was wir nicht wissen. Was wir glauben, das steht da. Da ist eingemeißelt, was wir hoffen. Kein Ende wird sein. Endlich weiß ich die Antwort auf meine Frage. Wenn einer stirbt, dann ist das das Tor, ein dunkles Tor zu einem neuen Leben.
Ich habe es irgendwie schon vorher gespürt. Jetzt spüre ich's nicht irgendwie, jetzt bin ich gewiß: Der Tod ist das Tor zum Leben. Dieser Freund Jesus, Sohn Gottes, Christus, Heiland, der ist mein Alpha und mein Omega. In seinen Händen liegt mein Leben und alles, was vor der Geburt war und nach dem Tode sein wird. Ich springe auf vor Freude, tanze durch die Werkstatt und klatsche dabei laut in die Hände.
Meine Mutter kommt und fragt besorgt: »Junge«, fragt sie, »ist dir nicht wohl?«
»Doch, Mutter«, sage ich, »so wohl wie nie zuvor ist's mir. Ich habe das Zeichen erkannt, hab erfahren, daß da ein Geheimnis hinter den Dingen ist. Spuren und Botschaften Gottes liegen in Fisch und Sonne und Mond verborgen. Sie versteht nicht.
Ich sage:

»Ein Fisch, ein Fisch
ist mehr als ein Fisch.«

Sie lacht, schüttelt den Kopf und geht zurück in den Laden.
»Er spinnt mal wieder«, sagt sie.
Aber ich spinne nicht. Ich webe. Ich webe lauter schöne Tücher. In jedes webe ich die geheimen Zeichen: Fisch, Sonne und